BEI GRIN MACHT SICH IHR WISSEN BEZAHLT

- Wir veröffentlichen Ihre Hausarbeit,
  Bachelor- und Masterarbeit

- Ihr eigenes eBook und Buch -
  weltweit in allen wichtigen Shops

- Verdienen Sie an jedem Verkauf

Jetzt bei www.GRIN.com hochladen
und kostenlos publizieren

Carsten Weerth

Didaktik und Methodik in der Erwachsenenbildung

Eine Einführung

GRIN Verlag

Bibliografische Information der Deutschen Nationalbibliothek:

Die Deutsche Bibliothek verzeichnet diese Publikation in der Deutschen National-
bibliografie; detaillierte bibliografische Daten sind im Internet über http://dnb.d-
nb.de/ abrufbar.

Impressum:

Copyright © 2012 GRIN Verlag GmbH
Druck und Bindung: Books on Demand GmbH, Norderstedt Germany
ISBN: 978-3-656-34832-0

Dieses Buch bei GRIN:

http://www.grin.com/de/e-book/207508/didaktik-und-methodik-in-der-erwachse-
nenbildung

GRIN - Your knowledge has value

Der GRIN Verlag publiziert seit 1998 wissenschaftliche Arbeiten von Studenten, Hochschullehrern und anderen Akademikern als eBook und gedrucktes Buch. Die Verlagswebsite www.grin.com ist die ideale Plattform zur Veröffentlichung von Hausarbeiten, Abschlussarbeiten, wissenschaftlichen Aufsätzen, Dissertationen und Fachbüchern.

Besuchen Sie uns im Internet:

http://www.grin.com/

http://www.facebook.com/grincom

http://www.twitter.com/grin_com

Technische Universität Kaiserslautern
Distance and Independent Studies Center (DISC)

Deckblatt für Einsendearbeiten im Fernstudiengang „Erwachsenenbildung"

Einsendearbeiten zu dem Modul Nr:
EB0500: Didaktik und Methodik

Sommersemester 2012

Von Carsten Weerth

Inhaltsverzeichnis

Einsendeaufgabe 1 –

Ständige Wortbeiträge – Möglichkeiten der Intervention (zu EB 0510)

Eines der Postulate zur Tehmen-Zentrierten Interaktion (TZI) von *Ruth Cohn* besagt, dass „Störungen angemessenen Raum" zu geben sei (von Felden, 2008, S. 71). Insofern ist es für Kursleiter (in der Folge KL) von Bedeutung, Prozesse wie positive Interaktionen in Gruppen aber auch dauerhafte Störungen zunächst wahrzunehmen. Doch was sind überhaupt Störungen?

„Allgemein kann eine Störung beschrieben werden als Situationen in der ein Gruppenmitglied, eine Teilgruppe oder die Seminarleitung sich gestört fühlt, also den Eindruck hat, dass die Lern- oder Gruppenprozess aus der Balance gekommen ist, von einem erwünschten Zustand abweicht und das gemeinsame Vorhaben blockiert oder behindert wird" (von Felden, 2008, S. 109).

Ständige Wortbeiträge und Monologe dürften zu ständigen Störungen zählen. Allerdings ist dabei zu beachten, dass Menschen ihre „Wahrheit" und „Wahrnehmung" (ihre „Wirklichkeit") selbst konstruieren (sog. *Konstruktivismus*) und was als störend wahrgenommen wird, ist letztlich vom KL und der Gruppe abhängig – eine Störung ist somit eine Deutung, „ein Konstrukt von einzelnen oder mehreren" (von Felden, 2008, S. 109). Beispiele für Störer im Unterricht sind in der Literatur v.a. für Schüler und Schulen bekannt, z.B. „Peter stört" (Henningsen, 1984 zit. nach Fach A4 in Arnold/Petzold, 2009, S. 12) und „Tobias stört" (Boysen, 2008).

Gründe für Störungen können vielfältig sein (Fach C38 in Arnold/Petzold, 2009, S. 80 f. mit Bezugnahmen auf Dreikurs, 1995 und Grell, 1995):

- „Organisch-konstitutionelle Bereiche" (Motivationsstörungen),
- „Umweltbedingungen" (ungünstiges Umfeld, Elternhaus, Familiensituation),
- „Rahmenbedingungen" des Unterrichts (Über-/Unterforderung, Langeweile),
- „Sozialisatorischer Entwicklungsaufgaben" (Identitätslernen),
- „Peer-group-Verhalten" (Druck aus der Gruppe, Gruppendynamik), aber auch
- „Rivalitäten" (unter Geschwistern oder Konkurrenten).

Und nun konkret zum angesprochenen Fall des Dauermonologs in der Erwachsenenbildung. Der aufmerksame KL bekommt durch das Verhalten des Teilnehmers (in der Folge T) einen Hinweis auf Probleme des T. Allerdings besteht die Schwierigkeit darin, festzustellen, ob T über- oder unterfordert ist, gelangweilt ist, ob er nur ein Imponiergehabe auslebt oder was letztlich genau hinter seinem Verhalten steht.

Watzlawick stellte fest: „Man kann nicht nicht kommunizieren" (Watzlawick u.a., 1982 zit. nach von Felden, 2008, S. 53). Insofern stellt ein Dauermonolog (aber auch Schweigen) eine Kommunikation dar, mit der der T etwas mitteilt – hier eine *Selbstoffenbarung* (nach Schulz von Thun, 1981 zit. nach von Felden, 2008 S. 56).

Das zweite Axiom von *Watzlawick* u.a. lautete dann auch: „Jede Kommunikation hat einen Inhalts- und einen Beziehungsaspekt, derart, dass letzterer den ersten bestimmt und von daher eine Metakommunikation ist" (Watzlawick u.a., 1982 zit. nach von Felden, 2008, S. 53). Beim Dauerredner steht weniger der Inhalt, als mehr die Beziehung im Vordergrund.

Grundlegende Bedürfnisse von Gruppenmitgliedern sind: Kontakt, Zugehörigkeit, Wertschätzung, Einflussnahme, Kompetenzverbesserung und Abwechslung (von Felden, 2008, S. 113).

In einer Gruppe und der Kommunikation in Gruppen gibt es verschiedene „Rollen" (Antons, 1976 zit. nach von Felden, 2008, S. 47): „Aufgabenrollen", „Erhaltungs- und Aufbaurollen" sowie „Negativrollen". Auf den Dauerredner treffen verschiedene Aspekte der Negativrolle zu: Selbstgeständnisse, Rivalisieren (ggf. mit anderen Gruppenmitgliedern), Suche nach Sympathie, Suche nach Aufmerksamkeit und Beachtung (Antons, 1976 zit. nach von Felden, 2008, S. 47).

Der KL hat u.a. die Aufgabe, den Kurs zu lenken und zu moderieren. Sofern er nicht dozenten-, sondern teilnehmerzentriert arbeitet, wird er das Ziel verfolgen, allen T Raum für Beiträge zu geben; wenn Dauerredner auftreten, wird das Seminar gefährdet. Als Interaktion ist es möglich, dass sich die Gruppe eigene Regeln zu Beginn der nächsten Sitzung gibt (z.B. Redezeit begrenzen auf max. drei Minuten).

In der Arbeit mit störenden Schülern hat es sich bewährt, diesen besondere Aufgaben zu geben (z.B. Rolle des Beobachters, Rolle des Kritikers) – diese Schüler werden dann besonders gefordert und in einer Sonderrolle gewürdigt – auch dieses Vorgehen könnte sich als lohnender Ansatz erweisen.

Die Metakommunikation ist das „Reden über das Reden" und über die Kommunikation. Metakommunikation ist „häufig ein Ausweg aus einer Kommunikationsstörung" (von Felden, 2008, S. 117). Daher ist ein möglicher Ausweg, mit dem Dauerredner unter vier Augen zu sprechen und an ihn zu appellieren, weniger lange Wortbeiträge zu machen. Oder das Dilemma öffentlich im Rahmen von Feedback nach den bekannten Feedback-Regeln (von Felden, 2008, S. 119 f.) zu erarbeiten. Wie so häufig in der Erwachsenenbildung – es gibt keine *Rezeptologien*, nur verschiedene Wege, die der professionell handelnde Erwachsenenbildner wertschätzend und achtsam gehen kann. Ob diese dann zum gewünschten Erfolg führen, hängt auch von den T und den Rahmenbedingen, sowie den gewählten Worten des KL und der T ab.

Einsendeaufgabe 2 – Unterschied „Didaktik" und „Lernkultur" (zu EB 0520)

Zur Einleitung zunächst eine kurze Definition der Didaktik:

„Didaktik" ist Griechisch und steht sowohl für das Verb „lehren, unterrichten, belehren" – wobei es im Aktiv und im Passiv verwendet werden kann (also auch als „lernen, belehrt, unterrichtet"), als auch für die Substantive „Lehre, Belehren, Unterricht, Unterweisung" (Peterßen in Roth, 1980, S. 97 und Heursen in Lenzen, 1989, S. 307). Es handelt sich um die „Lehrkunst" (von Felden, 2008, S. 10 und Siebert, 2012, S. 4) oder Wissenschaft vom „lernwirksamen Lehren bzw. Unterrichten" (Arnold in Arnold/Nolda/Nuissl, 2010, S. 64). „Der Didaktikbegriff wird hier [zunächst] an die Perspektive des Lehrenden gebunden" (von Felden, 2008, S. 10). Didaktik ist nach einer anderen Definition „die Theorie und Praxis des Lehrens und Lernens" (Jank/Meyer, 2008, S. 14).

Didaktik wird darüber hinaus unterschieden in Makro- und Mikrodidaktik:
Makrodidaktik (die vorwiegend vom hauptberuflichen pädagogischen Personal durchgeführt wird) beschäftigt sich mit dem „didaktische[n] Profil einer Bildungseinrichtung, also das Leitbild, das Bildungsverständnis, die Schwerpunktthemen, die bevorzugten Zielgruppen, [...] die Programmplanung und die Marketingstrategien" (Siebert, 2012, S. V).
Mikrodidaktik beschäftigt sich mit der tatsächlichen Planung und Durchführung von einzelnen Bildungsveranstaltungen (Siebert, 2012, S. V), z.B. den „Großformen" Vortrag, Seminar, Lehrgang, Training, Workshop, Projekt, Exkursion, Studienreise, Outdoor-Training (Höffer-Mehlmer, 2009a, S. 6 ff.).

Die Didaktik beschäftigt sich in Makro- und Mikrodidaktik mit den Fragen:
- Was soll gelehrt werden?
- Wer ist Adressat des Unterrichtsangebots?
- Wie ist die Lernumgebung gestaltet (sog. *Lernökologie*)?
- Wie genau soll der Unterricht gestaltet werden (Einstieg/Hauptteil/Schluss)?
- Welche Lehrform wird eingesetzt (Frontalunterricht, Gruppenarbeit, Gruppengespräch, usw.)?
- Wie bekommt die Bildungseinrichtung großen Zulauf und Zuspruch?
- Welche Medien setze ich als Dozent wie praktisch ein?

Diese Didaktik und Methodik kann sowohl Dozentenzentriert als auch Teilnehmerorientiert und Teilnehmerzentriert eingesetzt und angewendet werden.

Die Didaktik ist nicht neu: die Lehre von der Lehre hatte in der „Aufklärung des 17. Jahrhunderts" ihre Ursprünge, u.a. mit Verfechtern wie „Wolfgang Ratke (1571-1635) und Johann Amos Comenius (1595-1670), die das planvolle Lehren und Lernen als erste in einen pädagogischen Bedeutungszusammenhang stellten" (Heursen in Lenzen, 1989, S. 308). Nach anderen Quellen wurde Comenius 1592 geboren (übereinstimmend Jank/Meyer, 2008, S. 11 und von Felden, 2008, S. 10).

„Aber Didaktik bedeutet auch, eine wissenschaftliche Reflexion über Lehr- und Lernzusammenhänge anzustellen" (von Felden, 2008, S. 11). Es wird dabei darüber nachgedacht, „welche Auffassungen von Lernen und Lehren grundsätzlich zur Debatte stehen" (von Felden, 2008, S. 11).

„Versteht man Didaktik auch als Feld, in dem die Grundbedingungen des Lernens reflektiert werden, dann eröffnet sich in der Folge konstruktivistischer Lerntheorien [in denen Lernen als aktiver Aneignungsprozess des Lerners verstanden wird] die Diskussion um die Frage, inwiefern Lernprozesse überhaupt gesteuert werden können" (von Felden, 2008, S. 11). Und hier kommt es zum Übergang von der Didaktik zur Lernkultur.

Denn Lernkultur ist weit mehr – hier geht es um Richtungsentscheidungen und Menschenbilder, um die Frage, ob eher der Lehrende oder besser der Lernende im Mittelpunkt der Bemühungen stehen sollte.

Eine Definition für **„Lernkultur"** liefert *Siebert* (Siebert, 2012, S. V):
Demnach umfasst diese eine „Verknüpfung von formalem Lernen, informellem Lernen, Lernen 'en passent'; soziale, kulturelle und berufliche Kontexte des Lernens; Verwendungssituationen für das Gelernte und soziale Anerkennung der Lernbemühungen; anregende Lernumgebungen."
Somit ist Lernkultur weit mehr als die Didaktik. Sie umfasst u.a. die formale wie informelle Aspekte des Lernens, soziale, kulturelle und berufliche wie private Zusammenhänge des Lernens – Erwachsene lernen heute anerkanntermaßen nicht nur in beruflichen, nebenberuflichen oder formalen Lehr-/Lernsituationen sondern immer mehr auch informell im privaten Leben, mit dem Internet und in anderen Kontexten (u.a. von alten Menschen durch Erzählungen, von ausländischen Menschen in der Nachbarschaft oder in gemeinsamen Kursen, bei Auslandsaufenthalten, im Urlaub oder auf Geschäftsreisen).
Heute wird von „lebendigem Lernen" gesprochen – damit ist gemeint, dass die Lernenden nicht nur Inhalte beigebracht bekommen (sollen) [sog. „Vermittlungsdidaktik" (von Felden, 2008, S. 12)], sondern im Rahmen der Weiterbildung oder Erwachsenenbildung dazu befähigt werden sollen, sich selbst die Methoden zum erfolgreichen Selbstlernen anzueignen, indem sie in Gruppenarbeit oder Projektarbeit sich selbst stärker (als bisher) in die Lehre einbringen und dadurch aktiviert werden.

Arnold/Schüßler bezeichnen diese neue Haltung „bewusst überspitzt und provokativ" als „lebendiges lernen", dass einem „toten, mechanistischen Lernen" gegenüber steht (Arnold/-Schüssler, 1998, zit. nach Siebert, 2012, S. 47 f. und Siebert, 2012, S. 47).

Wesentliche Punkte des lebendigen Lernens sind „starke Wechselwirkungen zwischen Lehrenden und Lernenden (sowie zwischen Lernenden), situativ flexible Handlungsweise [des Lehrenden], Evolution [des Lernenden] durch Selbstorganisation" (Siebert, 2012, S. 47). Ziel ist eine „Ermöglichungsdidaktik", die „Selbsterschließung von Bildungsinhalten über Schülermethoden" sowie die „Förderung von Lernen, Aneignung [und] Selbsttätigkeit" beim Lernenden (Siebert, 2012, S. 48).

Einsendeaufgabe 3 –

Lernprozesse auf unterschiedlichen Komplexitätsstufen (zu EB 0530)

Lernprozesse geschehen auf unterschiedlichen Komplexitätsstufen – das Modell nach *Gagné* unterschiedet beispielsweise acht Stufen, die von unten nach oben immer komplexer werden (Gagné, 1973, zitiert nach Höffer-Mehlmer, 2009a, S. 23):

- Problem solving [Problemlösen],
- Rule learning [Regellernen],
- Concept learning [Konzeptlernen],
- Discrimination learning,
- Verbal association [Sprachliche Assoziierung],
- Chaining [Reihung],
- Stimulus response [Reizantwort], und
- Singal learning [Signallernen].

Als Beispiel soll ein Thema aus meinem bisherigen Lebenslauf und Erfahrungsschatz dienen – da ich C-Lizenztrainer für Tischtennis bin, soll das Erlernen komplexer Schläge und Konzepte im Tischtennis als Beispiel dienen.

Kinder und andere Anfänger erlernen das Tischtennisspiel zunächst über die taktile (haptische) Erfahrung des sehr leichten und fragilen Tischtennisballs (z.b. Trumpfen auf den Boden, Hochwerfen und Fangen) – dieses würde der untersten Stufe oder den Signallernen entsprechen.

Die zweite Stufe (die Reizantwort) würde durch das Greifen des TT-Schlägers und ggf. Rollen des Balles auf dem Schläger oder Trumpfen (Auf- und Abspringen lassen des Balles auf dem Schläger) erfolgen. Der Anfänger wird im Umgang mit dem Spielgerät dadurch sicherer.

Chaining (dt. Reihung) würde beim Tischtennis im Erlernen erster körperlicher Bewegungsabläufe bei Schlägen (Aufschlag, Rückschlag, Schmetterschlag, Top-Spin) liegen.

Die sprachliche Assoziierung würde beim Erlernen des Tischtennisspiels die Unterscheidung der Begrifflichkeiten „Aufschlag, Rückschlag, Netz, Tisch, Ball" etc. liegen.

Konzeptlernen könnte beim Erlernen verschiedener Spielsysteme liegen (Angriffsspieler mit Top-Spin, Abwehrspieler mit Unterschnitt-Spin „Schupf").

Regellernen liegt vordergründig in der Regelkunde, hintergründig aber in wenn-dann-Abhängigkeiten: Wenn ein Unterschnitt-Aufschlag erfolgt, antwortet man mit einem Unterschnitt-Rückschlag um den Ball im Spiel zu halten; oder man hat genug technisches Können um einen zu langen Aufschlag mit einem „Flip"-Schlag über dem Tisch in einen

Angriffsball umzuwandeln und durch einen Platzierungsentscheid zu gewinnen (oder viele andere Alternativen...).

Problemlösung erfolgt letztlich dann, wenn ein Spieler von seinem Gegner technisch-taktisch beherrscht wird und sich im Satz oder der Satzpause (alleine oder mit Hilfe des Trainers) überlegt, wie er sein Spiel oder Verhalten ändern kann, um einen Vorteil zu erlangen und den Satz/das Spiel zu gewinnen.

Einsendeaufgabe 4 – Medien für den *Daleschen* Erfahrungskegel (zu EB 0540)

Der *Dalische* **Erfahrungskegel** (Cone of Experience) nach *Edgar Dale* ist eine Klassifizierung von Medien in drei Kategorien und insgesamt 11 Erfahrungen (Höffer-Mehlmer, 2009b, S. 14). „Dale brachte verschiedene Formen von Erfahrungen in eine taxonomische Ordnung abnehmender Unmittelbarkeit bzw. zunehmender Abstraktion" (Höffer-Mehlmer, 2009b, S. 14). Im pyramidenförmigen Kegel ist die unterste Erfahrung die „Direkte zielbewusste Erfahrung" und die oberste Erfahrung „Verbale Symbole" (Höffer-Mehlmer, 2009b, S. 14).

Der *Dalische* Erfahrungskegel gliedert sich (von oben nach unten verbreiternd in):
- Verbale Symbole,
- Visuelle Symbole,
- Aufnahmen Radio/Unbewegte Bilder,
- Filme (Bewegte Bilder),
- Unterrichtsfernsehen,
- Ausstellungen,
- Exkursionen,
- Demonstrationen,
- Schauspiel,
- Modelle, Nachbildungen, Simulationen,
- Direkte, zielbewusste Erfahrungen.
(Dale, 1954, zit. nach Höffer-Mehlmer, 2009b, S. 15).

Dabei kategorisiert *Dale* in drei Kategorien: die obersten beiden Erfahrungen sind „symbolische Erfahrungen", die nächsten sechs Erfahrungen sind „ikonische Erfahrungen" und die letzten drei Erfahrungen sind „direkte Erfahrungen" (Dale, 1954, zit. nach Höffer-Mehlmer, 2009b, S. 15).

Daher lassen sich folgende Medien dem *Dalischen* Erfahrungskegel zuordnen:

Erfahrung des *Dalischen* Erfahrungskegels	Medien
Verbale Symbole	Printmedien (Texte in Lehrbüchern, in Arbeitsblättern, in Lerntexten aber auch Folienpräsentationen/an Moderationswänden/in Lernprogrammen) gilt auch für Karten und Musiknoten; Schreiben an der Tafel/auf Flipchart/an Moderationswänden/in Folienpräsentationen
Visuelle Symbole	Verwendung bestimmter Symbole, z.B. im Mathematikunterricht, Kunstunterricht, durch Malen/Zeichnen an der Tafel/auf Flipcharts oder in Lehrbüchern/Arbeitsblättern/Folienpräsentationen/an Moderationswänden/in Lernprogrammen
Aufnahmen Radio/ Unbewegte Bilder	Bilder (direkt oder auf Arbeitsblättern/in Folienpräsentationen/-an Moderationswänden/in Lernprogrammen) Radioaufnahmen (direkt, im Rahmen von Folienpräsentationen/in Lernprogrammen)
Filme (Bewegte Bilder)	Filme (direkt oder in Folienpräsentationen/in Lernprogrammen)
Unterrichtsfernsehen	Filme zu Lehrzwecken, mit Aufgaben etc.
Ausstellungen	Besuche von Ausstellungen/Museen; dort werden oft Modelle/-Nachbildungen, Schauspiele oder direkte Erfahrungen gemacht, siehe bei diesen Erfahrungen
Exkursionen	Erkundung von Natur und Kultur durch Besuche von Orten und Stätten
Demonstrationen	Vorführung durch den Dozenten
Schauspiel	Vorführung durch Nachspiel des Lehrthemas, z.B. biblische Szenen, von Lernenden
Modelle, Nachbildungen, Simulationen	Modellhafte Nachbauten, z.B. Molekularstruktur der Desoxyribunukleinsäure (DNA, Doppelhelix), Grafiken, Tabellen, Schaubilder, etc. (direkt oder in Folienpräsentationen)
Direkte, zielbewusste Erfahrungen	Konfrontation mit dem Lehrgegenstand, z.B. einer lebenden Maus/Ratte; zeigen von Objekten

Literaturverzeichnis:

Arnold, R. (2010):   Didaktik – Methodik. In: Arnold, R., Nolda, S., und Nuissl, E. (Hrsg.)
(2010): Wörterbuch Erwachsenenbildung. 2. Aufl., Heidelberg, S. 64-
66.

Arnold, R./Pätzold, H. (2009):

Schulpädagogik kompakt. Prüfungswissen auf den Punkt gebracht. 6.
Aufl., Berlin.

Arnold, R./Schüßler, I. (1998):

Wandel der Lernkulturen: Ideen und Bausteine für ein lebendiges
Lernen. 1. Aufl., Darmstadt.

Arnold, R./Nolda, S./Nuissl, E. (Hrsg.) (2010):

Wörterbuch Erwachsenenbildung. 2. Aufl., Heidelberg.

Boysen, H.-P. (2008):

Tobias stört - Vom richtigen Umgang mit schwierigen Schülern - Eine
Auswahl erprobter Regeln & Übungen zum Verhaltenstraining in der
Grundschule.

Dale, E. (1954):   Audio-visual methods in teaching, 2nd edition, New York.

Dreikurs, R. u.a. (Hrsg.) (1995):

Disziplin ohne Tränen, München.

Flintner, A./Scheuerl, H. (1984):

Einführung in pädagogisches Sehen und Hören. München/Zürich.

Gagné, R. M. (1973): Die Bedingungen des menschlichen Lernens. 3. Aufl. Hannover.

Grell, J. (1995):   Techniken des Lehrerverhaltens. Neuausgabe. Weinheim/Basel.

Henningsen, P. (1984):

Peter stört. In: Flintner, A./Scheuerl, H. (1984): Einführung in
pädagogisches Sehen und Höhren. München/Zürich, S. 46-65.

Heursen, G. (1989): Didaktik, Allgemeine. In: Lenzen, D. (Hrsg.) (1989): Pädagogische
Grundbegriffe, Bd. 1: Aggression bis Interdisziplinarität. 1. Aufl.,
Hamburg, S. 307-317.

Höffer-Mehlmer, M. (2009a):

Methoden in der Erwachsenenbildung. Studienbrief Nr. EB 0530 des
Master-Fernstudiengangs Erwachsenenbildung der TU Kaiserslautern.
Unveröffentlichtes Manuskript. 1. Aufl., Kaiserslautern.

Höffer-Mehlmer, M. (2009b):

Medien in der Erwachsenenbildung. Studienbrief Nr. EB 0540 des Master-Fernstudiengangs Erwachsenenbildung der TU Kaiserslautern.
Unveröffentlichtes Manuskript. 1. Aufl., Kaiserslautern.

Jank, H./Meyer, H. (2008):

Didaktische Modelle. 10. Aufl., Berlin.

Lenzen, D. (Hrsg.) (1989):

Pädagogische Grundbegriffe, Bd. 1: Aggression bis Interdisziplinarität. 1. Aufl. Hamburg.

Peterßen, W.H. (1980):

Didaktik. In: Roth, L. (Hrsg.) (1980): Handlexikon zur Erziehungswissenschaft, Bd. 1: Arbeitslehre-Hochschule. 1. Aufl., Hamburg, S. 96-104.

Roth, L. (Hrsg.) (1980):

Handlexikon zur Erziehungswissenschaft, Bd. 1: Arbeitslehre-Hochschule. 1. Aufl., Hamburg.

Siebert, H. (2012): Didaktisches Design. Studienbrief Nr. EB 0520 des Master-Fernstudiengangs Erwachsenenbildung der TU Kaiserslautern. Unveröffentlichtes Manuskript. 3. Aufl. 2012. Kaiserslautern.

von Felden, H. (2008):

Didaktisches Handeln und Kommunikation in Lerngruppen. Studienbrief Nr. EB 0510 des Master-Fernstudiengangs Erwachsenenbildung der TU Kaiserslautern. Unveröffentlichtes Manuskript. 1. Aufl. 2008. Kaiserslautern.

Watzlawick, P./Beavin, J. H./Jackson, D. (1982):

Menschliche Kommunikation, Bern.

Autoreninfo:

Dr. Carsten Weerth, BSc (Glasgow), LL.M. (Com.), Jahrgang 1971, ist studierter Molekularbiologe, promovierter Volkswirt und Master in Commercial Law – LL.M. (Com.). Er ist als Fach- und Führungskraft in einer Bundesverwaltung in Bremen tätig.

Nebenberuflich ist er seit 2007 Lehrbeauftragter an der Hochschule für öffentliche Verwaltung Bremen, der Hochschule Bremen und der Jacobs University Bremen. Er ist zudem als Dozent an Handelskammern und privaten Bildungseinrichtungen tätig (z.B. DAV und bav in Bremen).

Der Autor und Mediator hat bislang mehr als 10 Bücher in den Verlagen Bundesanzeiger (Köln), Sierke (Göttingen), Stollfuß (Bonn/Berlin) und Gabler (Wiesbaden) veröffentlicht oder ist Mitautor dieser Bücher.

An der TU Kaiserslautern studiert er seit 2011 nach dem „Kaiserslauterer Modell" Erwachsenenbildung und Organisationsentwicklung bei Rolf Arnold, Horst Siebert, Wiltrud Gieseke, Wolfgang Müller-Commichau, Markus Höffer-Mehlmer und anderen.